TABLE

DES

DROITS DE L'HOMME

ET

DU CITOYEN.

« Les hommes naissent et demeurent libres et égaux en droits ; et le peuple est le souverain. »

PARIS

IMPRIMERIE DE HENRI DUPUY,

RUE DE LA MONNAIE, NO 11.

1832

PUBLICATION

DE

LA SOCIÉTÉ DES AMIS DE LA LIBERTÉ

ET DE L'ÉGALITÉ.

En parcourant les diverses et nombreuses études auxquelles a donné lieu la DÉCLARATION DES DROITS DE L'HOMME, dans le sein de la Constituante et de la Convention, nous avons cru trouver un monument législatif plus complet, plus imposant que les deux Déclarations mêmes émanées de ces célèbres assemblées. Nous le donnons ici.

Ce travail d'immortels légistes, que nous présentons, nous a paru la pensée développée des deux assemblées, comme la double déclaration de 89 et de 93 nous a paru la pensée concentrée des deux assemblées.

Nous n'avons que le bien faible mérite d'avoir réuni en un seul corps de doctrines et d'explications, des matériaux épars et dispersés, depuis le Contrat social jusqu'aux Institutions de Saint-Just, depuis 89 jusqu'à 93, depuis Rousseau jusqu'à Hérault de Séchelles. Nous attachons beaucoup plus de prix à ces reliques d'une grande époque (à laquelle, soit dit en passant, on sera obligé de renouer l'époque présente pour lui donner toute sa stature) que si nous-mêmes en avions tenté une nouvelle rédaction. On s'en convaincra par le respect que nous avons mis à en altérer le moins possible le texte consacré par le temps et de hautes réputations.

Comme il n'est pas possible que nous donnions à ce monument législatif le titre de DÉCLARATION qui n'appartient qu'au vote et à l'expression parlementaire des assemblées délibérantes et constituées, nous l'avons placé sous une dénomination générique qui appartient à la langue de tous les législateurs, et à la majesté de tous les siècles. Nous l'avons intitulé : TABLE DES DROITS DE L'HOMME ET DU CITOYEN, comme l'antiquité disait des monumens de sa sagesse et de sa législation, qu'elle burinait sur la pierre ou sur le bronze : LES TABLES DE LA LOI.... LA LOI DES DOUZE TABLES.

G. DESJARDINS.

EXPOSITION

DES

DROITS DE L'HOMME

ET DU CITOYEN.

—

Les *droits* et les *devoirs* de l'homme sont une seule et même chose; car les droits de chacun sont les devoirs de tous; et réciproquement les droits de tous sont le devoir de chacun.

Une Table des droits de l'homme n'est donc autre chose que le pacte social lui-même. Son véritable caractère est d'être propre à tous les pays.

Le but de toute société, de toute institution humaine, doit être de maintenir entre les hommes cette double relation des *droits* et des *devoirs*.

Les droits apportés en société sont les *droits de l'homme*.

Les droits qui naissent en société, en commun, sont les *droits du citoyen*.

Les droits de la société, de la communauté, sont les *droits du peuple*.

Afin d'arriver à plus d'intelligence et de clarté dans la matière, ces droits seront d'abord exposés distinctement et séparément l'un de l'autre, et réunis ensuite en un seul corps ou faisceau, sous le titre 1° de *Table des Droits de l'homme et du citoyen*; 2° de *Table des Droits du peuple*.

§ 1er.

DES DROITS DE L'HOMME.

Il est un droit qui renferme en soi tous les autres. Principe générateur et unique des *droits*, il l'est encore des *devoirs* de l'homme et du citoyen : c'est le droit à l'existence, ce droit est tout l'homme.

1*

Du droit à l'existence, découle le droit à la conservation de son être, que l'homme ne perd jamais de vue; tout ce qui tend à le détruire, il le combat ou il le fuit; tout ce qui tend à le conserver, il le recherche et s'y attache. Du droit à la conservation de son être, découle le droit au bonheur.

Etre, être bien, être le plus long-temps possible, tel est l'objet pour lequel l'homme a été créé. Je vis, voilà la cause; je dois continuer d'être: voilà l'effet; j'ai besoin d'être heureux: voilà la fin, le but. La recherche du bonheur est la loi de nécessité de la vie. Otez le bonheur du milieu de l'univers, il n'y a plus de centre où graviter, plus de vie, plus d'être, plus d'univers.

Le bien-être étant le *but* de l'homme, ses facultés physiques et morales sont ses *moyens* d'atteindre à ce but.

Placé au milieu de la *nature*, l'homme en recueille les dons, les choisit, les multiplie, les perfectionne par son travail; en même temps il apprend à éviter, à prévenir ce qui peut lui nuire; il se protége pour ainsi dire contre la nature avec les forces qu'il a reçues d'elle; il ose même la combattre; et l'on voit la puissance de l'homme asservir de plus en plus à ses besoins toutes les puissances de la nature.

Placé au milieu de ses *semblables*, l'homme se sent pressé d'une multitude de rapports nouveaux. Les autres individus se présentent nécessairement à lui, ou comme *moyens* de plus de satisfaire ses besoins ou comme *obstacles*.

Les relations des hommes entre eux sont de deux sortes: celles qui naissent d'un état de guerre, que la force seule établit, et celles qui naissent librement d'une utilité réciproque.

Si les hommes voulaient ne voir en eux que des *moyens* réciproques de bonheur, ils pourraient occuper en paix la terre.

Ce spectacle change s'ils se regardent comme *obstacles* les uns aux autres: alors il ne reste à chacun d'eux que le choix entre fuir ou combattre sans cesse.

De l'inégalité des moyens, et de l'égalité des droits.

Il existe de grandes inégalités de moyens parmi les hommes. La nature fait des forts et des faibles; elle départit aux uns une intelligence et des talens qu'elle refuse aux autres. Il s'ensuit, qu'il y a entre eux inégalité de travail, inégalité de produit, inégalité de consommation ou de jouissance, en un mot inégalité de faits; mais il ne s'ensuit pas qu'il puisse y avoir inégalité de *droits*.

On pose pour principe que tous les hommes sont égaux. On ne veut pas dire par là qu'ils sont tous égaux de taille, de forces, d'intelligence, de talens, de richesses: ce qui serait absurde; mais qu'ils sont égaux en liberté dans la recherche qu'ils sont appelés à faire de leur bien-être, de leur conservation et de leur existence.

Du droit qu'a l'homme de conserver son existence, résulte la libre application de tous les moyens que la nature lui a donnés pour cela, soit en forces, soit en talens.

Les relations qui n'ont d'origine que la force, sont mauvaises et illégitimes. Deux hommes, étant hommes au même titre, c'est-à-dire ayant le même droit à l'existence, dont tous les autres droits ne sont que l'application, ces deux hommes ont à un égal degré tous les droits qui découlent de la nature humaine. Ainsi, tout homme est propriétaire et souverain de sa personne, ou nul ne l'est. Tout homme a le droit de disposer de ses moyens de conservation et de bonheur, ou nul n'a ce droit. Celui qui est chargé des besoins doit disposer librement des moyens d'y satisfaire.

Tous ayant un droit découlant de la même origine, il suit qu'aucun autre homme ne peut empêcher son semblable de se procurer les moyens de conserver son existence; que celui-ci a lui-même le droit de s'opposer aux torts qu'on pourrait lui faire à cet égard. Il suit, que celui qui entreprendrait sur le droit d'un autre, franchirait les bornes de son propre droit. Il suit, que le droit de chacun doit être respecté par chaque autre. Lorsque le fort parvient à opprimer le faible, il produit fait, abus, pouvoir, sans produire obligation, droit, légitimité. Loin d'imposer un devoir nouveau au faible, il ranime en lui le devoir naturel et impérissable de repousser l'oppression. C'est ce devoir naturel qui, transporté tout entier dans l'ordre social, lève la massue ou aiguise le poignard qui frappe justement l'oppresseur et le tyran.

C'est donc une vérité éternelle, et qu'on ne peut trop répéter aux hommes, que l'acte, le fait, la puissance, n'importe le mot par lequel on voudra désigner l'abus, que cet acte par lequel le fort tient le faible sous son joug, ne peut jamais devenir un droit; en d'autres termes, que *force* ne fait pas *droit*, ni consécration du temps, *légitimité;* et qu'au contraire l'acte par lequel le faible résiste et se soustrait au fort, est toujours un droit; que c'est un devoir toujours pressant envers lui-même.

De l'origine du droit de propriété.

L'homme peut posséder en particulier des choses propres à conserver son être, à satisfaire ses besoins, et sur lesquelles il étend toute la plénitude de son droit de liberté, et c'est ce qu'on appelle propriété.

Le droit de propriété n'est pas dans la nature, a-t-on dit : c'est une erreur.

La propriété, la *souveraineté de sa personne* est le premier des droits.

De ce droit primitif découle 1° la propriété, ou *souveraineté des actions*, 2° celle *du travail*, car le travail n'est que l'usage utile de ses facultés; il émane évidemment de la propriété, de la souveraineté de la personne et des actions. La propriété des actions naît du droit qu'a l'homme de conserver son existence. Du droit de conserver son existence, résulte la libre application de tous les moyens que la nature lui a donnés pour cela, soit en forces, soit en talens, comme il a déjà été dit.

A ce titre, un nain est homme ainsi qu'un géant. La propriété ou souveraineté de soi-même, n'est pas susceptible de plus ni de moins; elle ne résulte, ni de la force, ni de l'adresse, mais du droit d'exister, commun à tous, et dans un degré aussi éminent au faible qu'au fort. Car nul n'est meilleur juge que moi du besoin qui me porte, dans l'état de nature, à saisir un fruit ou une production spontanée de la nature, pour satisfaire ma faim ou celle de ma jeune famille, et partant nul n'est en droit de me soustraire ou m'arracher cette nourriture, qui m'appartient bien certainement à titre de premier saisissant ou occupant.

La propriété s'exerce ou sur des choses *communes* à tous, ou sur des choses *propres*.

Dans l'état de nature, le droit de s'emparer de ce qui n'est à personne, est strictement limité toutefois à ce qu'on peut s'approprier pour ses besoins et par son travail, car le droit de premier saisissant ou occupant, ne saurait être celui de cumul et d'accaparement d'objets nécessaires à l'existence d'autrui. Le droit de tout faire est toujours subordonné à la condition de ne pas nuire à autrui.

La propriété des objets extérieurs, ou la propriété *réelle* et acquise au moyen du travail, n'est pareillement qu'une suite et comme une extension de la propriété personnelle. L'air que nous respirons, l'eau que nous buvons, le fruit que nous mangeons, se transforment en notre propre substance par l'effet d'un travail involontaire ou volontaire de notre corps.

Par des opérations analogues, quoique plus dépendantes de la volonté, je m'approprie un objet qui n'appartient à personne et dont j'ai besoin, par un travail qui le modifie, qui le prépare à mon usage. Mon travail était à moi, il l'est encore; l'objet sur lequel je l'ai fixé, que j'en ai investi, était à moi comme à tout le monde; il était même à moi plus qu'aux autres, puisque j'avais sur lui, de plus que les autres, le droit de premier occupant. Ces conditions me suffisent pour faire de cet objet ma propriété exclusive. L'état social y ajoute encore, par la force d'une convention générale, une sorte de consécration légale; et l'on a besoin de supposer ce dernier acte, pour pouvoir donner au mot *propriété*, toute l'étendue du sens que nous sommes accoutumés à y attacher dans nos sociétés policées.

Les propriétés *territoriales* sont la partie la plus importante de la propriété *réelle*. Dans leur état actuel, elles tiennent moins au besoin personnel qu'au besoin social; leur théorie est différente, ce n'est pas ici le lieu de la présenter.

Ainsi donc, en résumant les droits de l'homme ou les droits naturels apportés en société, chaque homme tient de la nature le droit de veiller à sa conservation, et celui d'être heureux.

Pour assurer sa conservation et son bonheur, la nature lui a donné une volonté et des moyens physiques et moraux.

Tout homme a donc le droit essentiel d'user de ses facultés suivant sa volonté.

Les hommes naissent donc indépendans les uns des autres, c'est-à-dire entièrement libres.

Les hommes sont donc égaux, non en force et en moyens, mais en droits.

Une assemblée célèbre a dit :

« Les hommes naissent et demeurent libres et égaux en droits.»

Naissent et *demeurent*....

Cette sentence de haute législation, par laquelle la *Constituante* clôt les droits de l'homme et ouvre les droits du citoyen, est la vérité-mère dont le code de la nature et le pacte de la société ne sont que le développement.

§ 2.

DES DROITS DU CITOYEN.

Il semble, au premier aspect, que celui qui contracte un engagement, perd une partie de sa liberté. Il est plus exact de dire, qu'au moment où il contracte, loin d'être gêné dans sa liberté, il l'exerce ainsi qu'il lui convient; car tout engagement est un échange où chacun aime mieux ce qu'il reçoit que ce qu'il donne.

Tant que dure l'engagement, sans doute il doit en remplir les obligations : la chose engagée n'est plus à lui; et la liberté, avons-nous dit, ne s'étend jamais jusqu'à nuire à autrui.

Mais il n'y a point d'engagement, s'il n'est fondé sur la volonté libre des contractans. Point d'association légitime, si elle ne s'établit sur un contrat réciproque, volontaire et libre de la part des co-associés.

Le *pacte social* est donc la convention *tacite* ou *formelle* qui établit essentiellement la base de toute société, quelle que puisse être d'ailleurs sa constitution ou organisation particulière qui l'ait modifié ou altéré par la succession des abus et l'oubli des droits.

Si les hommes font le sacrifice de quelques-uns de leurs droits à la société dans laquelle ils entrent.

Partons d'un principe : il est dans la nature de tout être sensible, de placer son intérêt propre avant tous les autres intérêts.

Ce sentiment pénètre et se trouve partout, quelque enveloppé et inconnu qu'il puisse être. Quiconque a réfléchi sur ces matières, sait qu'il n'existe et ne peut exister de sacrifice qui soit absolu; que ce que nous appelons ainsi, n'est jamais que l'échange ou la cession d'un avantage apparent, pour un autre qui ne l'est pas; que tout bienfait porte avec lui sa récompense, que toute abnégation ou renonciation à soi-même, trouve son dédommagement dans les replis du cœur humain.

Les hommes doivent donc gagner à entrer en société, ou sans cela ils n'y entreraient pas; et la société doit s'organiser de manière à faire dériver l'intérêt général de l'intérêt individuel, ou sans cela la société ne serait qu'un corps monstrueux sujet à convulsion et de peu de durée.

D'abord, l'homme ne peut sacrifier son droit de liberté; ce droit est une chose inaliénable; il est inhérent à la nature de l'homme, il est éternel comme sont les principes, lesquels sont indestructibles et subsistent nécessairement. Celui qui croirait pouvoir sacrifier un de ses droits, croirait une folie; car le droit est une chose indivisible et commune à tous les hommes, qu'aucun d'eux, ni tous ensemble ne peuvent altérer.

Parce qu'on voit tous les jours les hommes sacrifier leur liberté, on pense qu'ils sont libres de le faire, c'est-à-dire qu'ils sont libres de n'être pas libres. Mais qu'on y prenne garde; c'est *l'exercice* de leur liberté qu'ils sacrifient, et non pas *le droit;* et l'aliénation, même volontaire, qu'ils font de cet exercice, est une consécration solennelle du droit qu'ils ont à la liberté. Dire qu'on peut suspendre l'exercice de tel droit, c'est dire qu'on a ce droit.

Il en est de même de la propriété; car on peut aliéner ses propriétés et les donner, mais on ne peut pas aliéner le droit de propriété qui naît et découle du droit à l'existence et à la conservation de son être, ce premier des droits. Et il est impossible à aucun homme de faire qu'il ne soit né tout aussi *propriétaire*, tout aussi *co-partageant* des productions spontanées de la nature, qu'à un autre homme d'être né tout aussi *libre* que qui que ce soit.

Chaque homme avait le droit primitivement pour conserver son existence et les propriétés qui servaient à l'entretenir, de repousser les attaques et les usurpations d'un autre; chacun, en entrant dans la société, y a apporté ce droit; seulement il a chargé tous les autres de l'aider de leurs forces et de leurs moyens, et il leur a dit : Je n'emploierai pas mes forces, pourvu que vous me protégiez de toutes les vôtres, et je vous rendrai le même service à mon tour.

Les droits de la propriété sont donc les mêmes pour tous les hommes, quelles que soient la nature et la mesure de la propriété; soit qu'ils aient une propriété, ou même qu'ils n'en aient pas. Car le droit de propriété est encore moins la possession, que la faculté de posséder en sécurité ce qu'on acquiert, ce qu'on reçoit en don, etc. Ces droits sont les mêmes pour tous les hommes. C'est ce qu'on appelle l'égalité des droits.

Bien loin donc que l'association ôte de la liberté et de la propriété de chacun, elle les affermit et les étend au contraire : donc il ne faut pas dire que l'association gêne le droit de liberté des personnes; car, même avant la loi, et dans l'état de nature, le

pouvoir de faire du mal n'était pas un *droit* comme il a été démontré.

L'homme ne sacrifie donc ni sa liberté, ni sa propriété, ni en
aucune manière, quoi que ce soit de ce qu'on appelle ses droits;
car l'homme n'a qu'un droit, ainsi que nous l'avons dit : c'est le
droit à l'existence; il le porte dans la société pour l'y conserver
et l'étendre, et tout ce qu'on appelle ses droits, n'est que l'application de ce droit unique et primitif.

Si l'homme, en entrant en société, sacrifie quelque chose de l'exercice de ses droits.

Pour parvenir à le connaître, il ne faut que se reporter au but
de la réunion des hommes en corps de nation. Leur intention est
d'ôter à chacun le pouvoir de nuire aux autres, et de lui donner
le pouvoir de les servir; la société doit donc exiger, au premier
égard, que l'exercice de la liberté de chacun soit tel, qu'il ne
puisse nuire à aucun, et de faire cesser le droit, ou plutôt le pouvoir du plus fort. Car ce droit n'en est pas un, comme il a été
expliqué, puisqu'il n'est pas commun à tous, qu'il n'est pas indivisible, qu'il n'est pas dans la nature de tous les hommes; donc le
sacrifice de ce pouvoir de nuire n'est pas un sacrifice fait par tous
à la société: C'est un aveu que fait le plus fort, de céder à une
force plus grande encore, celle de la réunion de plusieurs: force
dont lui-même, au reste, profite, et qui ne saurait en aucune
sorte blesser son orgueil d'individu, car elle est collective, et autant morale que physique.

La liberté et l'égalité sont des droits de nature, comme il vient
d'être établi; car chaque homme, en âge de raison, est seul juge
des soins qu'il se doit à lui-même, et par là, son propre maître;
mais ces droits sont restreints, en lui par l'infirmité, au dehors de
lui, par la force et la ruse, qui, si elles ne sont pas un droit, sont
au moins un pouvoir, un fait d'autrui; car le plus fort n'est jamais assez fort ou assez habile, pour être toujours maître de faire
ce qui lui est le plus utile.

L'homme, pour rester toujours libre et toujours fort, c'est-à-
dire, pour lever et renverser les obstacles qui nuisent à sa conservation dans l'état de nature, se met sous la protection de la
communauté. De ce moment, sa faiblesse individuelle s'accroît
de toute la force du corps politique; son intérêt particulier grossit
de tout le faisceau des intérêts de la généralité : sa propriété était
mobile et changeante? Il la fixe dans ses mains. Il était errant sur
un sol semé d'embûches et sous un ciel tissu de réseaux perfides,
il s'asseoit sur une terre nourricière, et sous un ciel devenu en
quelque sorte sa propriété ; car une patrie et un foyer domestique
lui sont acquis et garantis.

La faculté de nuire à autrui lui est ôtée; il est empêché en
corps et comme partie indivisible d'un tout, il est vrai; mais il
a reçu en échange ce même tout, inséparable désormais de son

individualité. Il aura à combattre au besoin pour la patrie, il est vrai, mais il n'a plus à combattre pour soi; mais nul n'a le pouvoir de troubler ses jouissances et sa sûreté; mais il ne fera pas un pas à l'ennemi, qu'il ne le fasse avec l'Etat, ne portera pas un coup, que ce ne soit avec le bras de la nation. Il a trasformé sa force personnelle en droit, et l'adjonction des forces étrangères à la sienne en devoir. Il y a un abîme de comblé par le pacte social, entre la condition de l'homme et la condition du citoyen; car où il y avait originairement nécessité de céder à l'obstacle, il y a maintenant puissance et volonté de faire obéir et céder l'obstacle.

L'homme, en prenant la qualité de citoyen, n'a donc fait qu'un échange d'une manière d'être incertaine et précaire, contre une autre meilleure et plus sûre; qu'un échange avantageux de l'indépendance naturelle, contre la liberté; de sa force que d'autres pouvaient surmonter, contre un droit que l'union sociale rend invincible. Sa vie même qu'il dévoue à l'Etat, en est continuellement protégée, et lorsqu'il l'expose pour la défense du pays, il ne fait alors que lui rendre ce qu'il a reçu de lui. Que fait-il qu'il ne fît plus fréquemment, et avec plus de danger dans l'état de nature, lorsque livrant des combats inévitables, il défendrait au péril de sa vie ce qui lui sert à la conserver?

S'il est vrai que le fort ne fait à la société aucun sacrifice de l'exercice de ses droits, cette vérité est encore plus évidente dans la personne du faible, car il est bien démontré que la société n'affaiblit pas les moyens particuliers que chaque individu apporte à l'association pour son utilité privée; mais qu'au contraire, elle les agrandit, les multiplie par un plus grand développement des facultés morales et physiques; et les augmente encore par le concours inestimable des travaux et des secours publics.

L'état social n'établit donc pas une injuste *inégalité des droits*, à côté de *l'inégalité des moyens*; au contraire, il protège l'égalité des droits contre l'influence naturelle, mais nuisible, de l'égalité qui appelle chacun à se servir de ses moyens. La loi sociale n'est donc point faite pour affaiblir le faible et fortifier le fort; elle s'occupe au contraire de mettre le faible à l'abri des entreprises du fort, ou plutôt en couvrant de son autorité tutélaire, l'universalité des citoyens, elle garantit à tous la plénitude de leurs droits.

Il en est de même encore dans l'usage et l'exercice de la propriété de soi-même. On ne sacrifie point cet exercice en se liant au corps de la nation. C'est un échange que l'on fait, et non pas un sacrifice, car si le corps social acquiert un droit de souveraineté sur le citoyen, il résulte du contrat réciproque, un droit de souveraineté du citoyen sur le corps *entier*, qui, bien qu'il n'ait pas été jusqu'ici reconnu assez nettement, n'en subsiste pas moins, et que voici:

Les engagemens qui lient le citoyen au corps social, ne sont obligatoires que parce qu'ils sont mutuels.

La garantie sociale, pour le citoyen, consiste dans l'action de tous, qui assure à chacun la jouissance et la conservation de ses droits. Or, par la condition implicite que le citoyen s'engage à veiller, et même à périr au besoin pour le maintien des droits du corps entier, le corps collectif ou la nation doit se lier, le cas échéant, jusqu'à s'anéantir elle-même comme un seul homme, pour le maintien et l'inviolabilité des droits de chacun de ses membres. C'est un droit sacré de retour et de réciprocité. Toute nation qui, la première, romprait cette condition, n'est point une nation, par la raison qu'elle serait au-dessous du courage et de la moralité de l'homme devenu citoyen, qui, tous les jours, se sacrifie et s'immole à cette clause capitale du contrat d'association. (*Voyez:* Table des Droits du Peuple, pag. 28.)

Résumons :

L'association civile ayant avant tout pour objet de conserver à chacun de nous, tout ce en quoi il est libre de droit, chacun est donc libre dans sa personne, car aucun homme ne naît avec le droit de gêner la personne d'un autre.

Chacun étant maître de sa personne, il n'y a donc aucun homme qui puisse attenter à la liberté individuelle d'un autre.

Chacun employant ses moyens à se procurer des propriétés pour conserver et étendre son existence, la société doit donc défendre à chacun d'attenter à la propriété d'autrui.

Chacun étant libre de penser, de dire, d'écrire, et de faire tout ce qui ne peut nuire à autrui, la société, ni aucun de ses membres, ne peut donc le lui défendre.

Chacun étant libre dans sa pensée, car nul homme ne naît avec le droit de gêner la pensée d'un autre ;

Libre dans ses opinions, car les opinions sont des jugemens que nous avons formés ou adoptés ;

Libre dans ses discours, car la parole est libre comme la pensée, puisqu'elle n'est qu'une pensée prononcée ;

Libre dans ses écrits, car ils ne sont que la parole communiquée ;

Libre dans ses actions, car elles sont les actes que chaque homme fait et a droit de faire pour l'utilité et la conservation de son être ;

Libre dans son industrie et ses travaux, car destinés à conserver son existence, toute gêne qu'il recevrait à cet égard, serait un attentat à son premier droit inviolable ;

Libre dans l'usage de ses propriétés, car elles ne sont ou ne doivent être que le fruit de ses travaux et de son industrie ;

Il résulte donc évidemment que, hors ce en quoi il aurait nui à autrui, la société ne peut reprendre et punir aucun homme dans ses pensées, dans ses opinions, dans sa religion, dans ses discours, dans ses écrits, dans ses actions, dans ses travaux, dans son industrie et dans l'usage de ses propriétés.

Les hommes demeurent donc libres et égaux en droits, comme ils l'étaient avant d'entrer en société.

Les limites de la liberté individuelle ne sont placées qu'au point où elle commencerait à nuire à la liberté d'autrui. C'est à la loi à reconnaître ces limites et à les marquer. Hors de la loi, tout est libre pour tous ; car l'union sociale n'a pas seulement pour objet la liberté d'un ou de plusieurs individus, mais la liberté de tous. Une société dans laquelle un homme serait plus ou moins libre qu'un autre, serait à coup sûr fort mal ordonnée ; elle cesserait d'être libre, il faudrait la reconstituer.

Ainsi, puisque dans l'état social, l'homme croît en moyens moraux et physiques, et qu'il se soustrait en même temps aux inquiétudes qui en accompagnaient l'usage, il est donc vrai de dire que la liberté est plus pleine et plus entière dans *l'ordre social* qu'elle ne peut l'être dans l'état qu'on appelle *de nature*.

L'état social ne tend donc pas à dégrader et avilir les hommes, mais au contraire à les ennoblir, à les perfectionner, et l'ordre social est comme une suite, comme un complément de l'ordre naturel.

Il est reconnu en outre, que les hommes peuvent beaucoup pour le bonheur les uns des autres.

L'amour et la préférence de soi-même ne sauraient être anéantis, il est vrai ; mais à côté de ce principe dominant, la nature a placé dans nos cœurs d'autres penchans qui en tempèrent l'inflexibilité. Elle y a mis des besoins de rapprochement, l'amour paternel, l'instinct de la pitié, une disposition du sentiment qui nous fait participans du soulagement que nous pouvons procurer aux autres. La morale, en se saisissant de ces dispositions ébauchées en quelque sorte par la nature, en les creusant pour ainsi dire par le soc de l'habitude, en les combinant avec celui de l'amour personnel, trouve dans cet amour personnel même, qui semblait ne devoir produire qu'un égoïsme froid et systématique, l'étincelle des passions héroïques et le germe de tous les sentimens généreux.

L'inégalité des moyens a dû établir les secours entre les hommes.

Rien n'étant plus convenable à la société en effet que la compassion, la douceur, la bénéficence, la générosité ; il suit que les hommes vivant en société, doivent se secourir dans leurs infirmités, leur vieillesse et leur indigence ; ce qui établit la loi de la reconnaissance, de l'hospitalité, de l'humanité.

De ces devoirs est née, ou plutôt s'est développée, la morale publique, qui existait et se pratiquait précédemment dans la famille.

Le bien commun doit donc être, en société, la règle de nos actions. Cela est vrai des relations de citoyen à citoyen, comme des rapports du citoyen avec l'association entière.

Ce que l'homme a perdu de l'abus qu'il pouvait faire de sa liberté, la société s'est obligée de le lui rendre en protection. Ce qu'elle retranche à la faculté de nuire, elle l'ajoute au pouvoir de bien faire ; et la moralité des actions privées grandit de tout ce que renferme le mot de *bien public*.

La moralité des *droits* est contenue dans cette maxime : « Ne fais pas aux autres ce que tu ne voudrais pas qui te fût fait. » La moralité des *devoirs*, des secours, dans cette autre maxime : « Fais à autrui ce que tu voudrais qui te fût fait. »

TABLE

DES

DROITS DE L'HOMME

ET DU CITOYEN.

—

Principes généraux.

1

Chaque homme tient de la nature le droit d'exister, de veiller à sa conservation et d'assurer son bien-être.

2

Pour veiller à sa conservation et se procurer le bien-être, chaque homme tient de la nature des facultés et des moyens. C'est dans le plein et entier exercice de ces facultés et de ces moyens que consiste la liberté.

3

De l'usage de ces facultés et de ces moyens, dérive le droit de propriété. Chaque homme a un droit égal à sa liberté et à sa propriété.
Les hommes naissent donc libres et égaux en droits.

4

Mais chaque homme n'a pas reçu de la nature les mêmes moyens et les mêmes facultés pour user de ses droits. De là naît une inégalité relative entre les hommes : l'inégalité de moyens et de facultés est donc dans la nature même.

5

La société s'est formée par le besoin de maintenir l'*égalité des droits* au milieu de l'*inégalité des moyens*. De tous les moyens de bien-être, l'état de société est le plus puissant.

6

Le but de toute association politique est le maintien des droits naturels, inaliénables et imprescriptibles de l'homme : ces droits sont l'existence, la liberté, l'égalité, la souveraineté, la propriété, la sûreté et la résistance à l'oppression.

7

Les hommes n'étant réunis en société que pour conserver et maintenir leur existence, et pour être plus forts et plus heureux que dans l'isolement, toute société est imparfaite si elle n'a pas pour but le bien de tous les associés en général, et de chacun en particulier.

8

Dans l'état de société, chaque homme, pour obtenir l'exercice et le développement libre de ses facultés, doit reconnaître d'abord cet exercice et ce libre développement dans ses semblables, le respecter et le faciliter.

De la liberté.

9

La liberté est le pouvoir qui appartient à l'homme de faire tout ce qui ne nuit pas aux droits d'autrui : elle a pour principe la nature, pour règle la justice, pour sauvegarde la loi, sa limite morale est dans cette maxime :
Ne fais pas à autrui ce que tu ne veux pas qu'il te soit fait.

10

La libre communication des pensées et des opinions étant un des droits les plus précieux de l'homme, le droit de manifester sa pensée et ses opinions, soit par la voie de la presse, soit de toute autre manière ; le droit de s'assembler pour consulter sur la chose publique, pour donner des instructions à des mandataires ou demander le redressement de griefs ; le droit de présenter des pétitions aux dépositaires de l'autorité publique, en écartant d'eux toute forme impérative et tout appareil de force ; le libre exercice des cultes, ne peuvent en aucun cas être interdits, suspendus ni limités, sauf à répondre de l'abus de ces libertés devant la loi.

11

Ainsi, hors le cas où un citoyen aurait nui à autrui par ses actes ou par l'émission de ses pensées transformées alors en actes, et punissables comme tels, la société ne peut reprendre, ni punir un homme dans ses pensées, dans ses opinions, dans sa religion, dans ses discours, dans ses écrits, dans ses actions, dans ses travaux, dans son industrie et dans l'usage de ses propriétés.

Toute loi préventive est une loi tyrannique.

De l'Égalité.

12

L'égalité est le droit que chacun apporte en société à la protection commune, et résultant de son droit égal à l'existence, à la conservation, à la liberté.

13

Les hommes étant nés, et demeurant libres et égaux en droits, la différence des moyens et des facultés ne doit jamais introduire de différence dans les droits.

14

De l'inégalité de moyens, naît de la part de la société, l'égalité de secours. Tout privilége est un désordre.

15

Tous les citoyens sont admissibles à toutes les fonctions publiques, sans aucune autre distinction que celle des vertus et des talens, sans aucun autre titre que la confiance du peuple.

16

Tous les citoyens ont un droit égal de concourir à la nomination des mandataires du peuple, et à la formation de la loi.

17

Pour que ce droit ne soit point illusoire, et cette égalité chimérique, la société doit salarier les fonctionnaires publics, et faire en sorte que les citoyens qui vivent de leur travail puissent assister aux assemblées publiques où la loi les appelle, sans compromettre leur existence ni celle de leur famille.

18

La société est obligée de pourvoir à la subsistance de tous ses membres, soit par la propriété, soit par le travail, soit en assurant les moyens d'exister à ceux qui sont hors d'état de travailler.

19

Les secours indispensables à celui qui manque du nécessaire, sont une dette de celui qui possède le superflu.

20

Tout citoyen, au nom de sa conservation personnelle et du principe imprescriptible de l'égalité, est en droit de réclamer cette dette et ces secours. Il appartient à la loi de déterminer la manière dont cette dette doit être acquittée, et ces secours administrés.

21

L'instruction est pareillement le besoin de tous. Toute société ayant pour but d'arriver, autant que possible, à l'égalité parfaite des citoyens, la société doit favoriser de tout son pouvoir les progrès de la raison publique, le législateur les commander. La loi doit mettre à la portée de tous les citoyens les connaissances et l'instruction qui peuvent contribuer au bonheur de chacun dans sa profession particulière, et à l'utilité publique dans les emplois qu'il peut être appelé à remplir. (*voyez*: Table des Droits du Peuple, p. 27, art. 19.)

22

Chaque citoyen a le droit de réclamer de la société l'instruction au nom de ce même principe d'égalité personnelle et civile.

23

Pour l'entretien de la force publique, et pour les dépenses de l'administration, une contribution est indispensable ; elle doit être également répartie entre tous les citoyens, en raison de leurs facultés.

24

Tous les citoyens ont le droit de constater par eux-mêmes ou leurs représentans, la nécessité de la contribution publique, de la consentir librement, d'en suivre l'emploi et d'en déterminer la quotité, l'assiette, le recouvrement et la durée.

25

Les citoyens dont les revenus n'excèdent point ce qui est nécessaire à leur subsistance, sont dispensés de contribuer aux dépenses publiques, en tant qu'il existe du superflu dans la nation pour subvenir à ces mêmes dépenses. Les autres doivent les supporter progressivement, selon l'étendue de leur fortune.

26

Nul ne doit payer de contribution nationale que celle qui a été librement votée par le peuple ou ses représentans.

27

Toute contribution blesse les droits des hommes, si elle décourage le travail et l'industrie ; si elle tend à exciter la cupidité, à corrompre les mœurs, et à ravir au peuple ses moyens de subsistance.

De la souveraineté ou propriété de soi-même.

28

Tout homme est seul souverain de sa personne. Tout homme peut engager ses services, son temps, mais il ne peut se vendre ni être vendu. Cette souveraineté ou propriété de soi-même n'est pas une propriété aliénable.

29

Renoncer à sa liberté, c'est renoncer à sa qualité d'homme, aux droits de l'humanité, même à ses devoirs. Il n'y a nul dédommagement possible pour qui renonce à tout. Une telle renonciation est incompatible avec la nature de l'homme, et c'est ôter toute moralité à ses actions, que d'ôter toute liberté à sa volonté.

30

Le droit de propriété ne peut exister que sur les choses. Mais, l'homme eût-il le droit de renoncer à sa qualité d'homme en aliénant sa liberté, il n'a pas le droit d'aliéner les devoirs qui l'obligent envers la société : c'est un délit de l'acheteur ensemble et du vendu, un suicide moral de la part du vendu, dont l'acheteur a l'odieux de profiter, et contre lequel la société en corps a le droit de réclamer et de sévir.

31

Ainsi, tout pouvoir qu'un homme exercerait sur d'autres hommes, au préjudice de leurs droits naturels, est une usurpation de la force, et ne peut être une propriété : ce n'est pas un droit, mais un délit ; la loi devra en connaître.

32

La société ne reconnaît ni servitude, ni domesticité. Il ne peut exister qu'un engagement de soins et de reconnaissance entre l'homme qui travaille et celui qui l'emploie.

2

De la propriété.

33

La propriété est le droit qu'a chaque citoyen de jouir et de disposer à son gré de la portion de bien qui lui est garantie par la loi.

34

Nul genre de travail, de culture, de commerce, ne peut être interdit à l'industrie des citoyens.

35

Le droit de propriété est borné, comme tous les autres, par l'obligation de respecter les droits d'autrui. Il ne peut préjudicier, ni à la liberté, ni à l'existence, ni à la propriété de nos semblables. Tout trafic qui viole ce principe est essentiellement illicite et immoral.

36

La propriété étant un droit inviolable, nul ne peut en être privé sans son consentement, si ce n'est lorsque la nécessité publique légalement constatée l'exige, et sous la condition d'une juste et préalable indemnité.

37

Les propriétés dont l'exercice est nuisible au corps politique, ne peuvent être enlevées que par un remboursement au moins égal à leur valeur.

De la Loi et de la Sûreté.

38

La loi est l'expression libre de la volonté générale. Son premier caractère est d'être égale pour tous.

39

La loi ne peut défendre que ce qui est nuisible à la société; elle ne peut ordonner que ce qui lui est utile.

40

Toute loi, ou plutôt tout réglement particulier usurpant ce nom, qui violerait les droits imprescriptibles de l'homme, est essentiellement injuste et tyrannique, et n'est point une loi.

41

La loi étant l'expression de la volonté générale, et devant être obligatoire pour tous, tous les citoyens à un double titre : 1° comme *souverains d'eux-mêmes* ; 2° comme membres du *souverain collectif*, ont droit de concourir personnellement ou par représentans à la formation de la loi.

42

La vie de l'homme, son corps, sa liberté, son honneur et les choses dont il doit disposer exclusivement, composent toutes ses propriétés et tous ses droits. Tout homme doit trouver la garantie de ces mêmes droits dans le gouvernement, quelle qu'en soit la forme. L'action de cette garantie s'appelle sûreté.

43

Il n'y a de gouvernement légitime, de quelque nature qu'il puisse être, que celui où non-seulement les droits de hommes sont respectés de fait, mais encore où aucun homme, aucun dépositaire du pouvoir exécutif, ne peut les violer impunément.

44

La société doit prendre les plus fortes mesures pour empêcher qu'un individu quelconque puisse exercer sur l'autre aucune sorte de violences ou d'actes arbitraires.

45

Puisque la loi oblige également les citoyens, elle doit punir également les coupables. Les peines des mêmes crimes doivent être les mêmes contre tous les membres de la société sans aucune distinction.

46

Les peines sont la compensation exacte des délits : elles doivent leur être exactement proportionnées.

47

La loi ne doit établir que des peines strictement et évidemment nécessaires.

48

Nul ne doit être jugé et puni qu'après avoir été entendu ou légalement appelé, et qu'en vertu d'une loi promulguée antérieurement au délit. La loi qui punirait des délits commis avant qu'elle existât, serait une tyrannie ; l'effet rétroactif donné à la loi, serait un crime.

49

Les droits, les mêmes pour tous, ne peuvent être enlevés à aucun homme, si ce n'est en punition de ses crimes ou de ses attentats sur les droits d'autrui.

50

Tous les hommes ont droit à l'honneur, c'est-à-dire à l'estime de leurs semblables s'ils n'ont pas mérité de la perdre; et les lois doivent les garantir des effets de la calomnie.

51

Nul ne doit être appelé en justice, saisi et emprisonné, que dans les cas prévus et dans les formes déterminées par la loi.

52

Tout homme étant présumé innocent jusqu'à ce qu'il ait été déclaré coupable, s'il est jugé indispensable de l'arrêter, toute rigueur qui ne serait pas nécessaire pour s'assurer de sa personne, doit être sévèrement réprimée par la loi.

53

Tout citoyen est également soumis à la loi, et nul n'est obligé d'obéir à une autre autorité que celle de la loi.

54

Tout citoyen doit obéir aux magistrats et aux agens du gouvernement lorsqu'ils sont les organes ou les exécuteurs de la loi.

55

Mais tout acte contre la liberté, la sûreté ou la propriété d'un homme, exercé par qui que ce soit, même au nom de la loi, hors des cas déterminés par elle, et des formes qu'elle prescrit, est arbitraire et nul; le respect même de la loi défend de s'y soumettre, et si l'on veut l'exécuter par la violence, il est permis de le repousser par la force.

56

Le droit de présenter des pétitions aux dépositaires de l'autorité publique, appartient à tout individu; ceux à qui elles sont adressées doivent statuer sur les points qui en font l'objet; mais ils ne peuvent jamais ni en interdire, ni en restreindre, ni en condamner l'exercice.

57

Dans tout État libre, la loi doit surtout défendre la liberté publique et individuelle contre l'autorité de ceux qui gouvernent.

58

Toute institution qui ne suppose pas le peuple *bon* et le magistrat *corruptible* est vicieuse.

59

Les attentats à la vie, à la sûreté, à la liberté, à l'honneur et à la propriété des hommes, sont des crimes ; tous les dépositaires de l'autorité qui s'en rendent coupables doivent être punis.

60

Si un citoyen a été arrêté et emprisonné hors les cas prévus par la loi, il doit lui être adjugé l'indemnité ou réparation du dommage que la loi aura dû avoir fixée.

De la résistance à l'oppression.

61

La résistance à l'oppression est la conséquence des autres droits de l'homme et du citoyen.

62

Comme tout citoyen a un droit égal à défendre sa vie, sa liberté, sa propriété, nul moyen de défense ne doit être accordé à l'un exclusivement à l'autre.

63

Tout citoyen a le droit d'avoir, de porter des armes et de s'en servir, soit pour la défense commune, soit pour sa propre défense, contre toute agression illégale, qui mettrait en péril la vie ou la liberté d'un ou de plusieurs citoyens. L'armement d'une partie des citoyens et le désarmement de l'autre est un attentat à la souveraineté de tous.

64

Quand la garantie sociale manque à un citoyen, il rentre dans le droit naturel de défendre lui-même tous ses droits.

65

Il y a oppression contre le corps social, lorsqu'un seul de ses membres est opprimé. Il y a oppression contre chaque membre du corps social, lorsque le corps social est opprimé.

66

Dans l'un et l'autre cas, assujettir à des formes légales la résistance à l'oppression, est le dernier raffinement de la tyrannie.

EXPOSITION

ET

TABLE

DES

DROITS DU PEUPLE [*].

Les fins de la Société étant rappelées, ainsi qu'il vient d'être fait dans *l'Exposition* et dans *la Table des Droits de l'homme et du citoyen*, il est évident que *les moyens* publics doivent s'y proportionner.

L'ensemble de ces moyens, composé de personnes et de choses, doit s'appeler *République*, afin de rappeler davantage son origine et sa destination : *Res publica*, la chose de tous, la chose publique, *la République*.

Principes généraux.

1

Toute société ne peut être que l'effet libre d'une convention entre tous les associés.

2

Tout corps politique reçoit l'existence d'un contrat social exprès ou tacite, par lequel chaque individu met en commun sa personne et ses facultés, sous la suprême direction de la volonté générale, et en même temps le corps reçoit chaque

---

[*] Afin d'éviter des répétitions de texte, nous avons cru convenable ici, de détacher de l'exposition raisonnée, dont elle fait partie, la Table des droits du peuple, au moyen de numéros d'articles et de plus gros caractères, de manière à ce qu'on puisse lire séparément la Table des droits du peuple, si on le juge à propos, sans s'embarrasser de quelques explications qui s'y trouvent intercalées.

individu comme portion du tout, et leur promet à tous sûreté et protection.

Cet acte réel ou tacite d'association produit un corps moral collectif composé d'autant de membres que l'assemblée a de voix, lequel reçoit de ce même acte son unité, son *moi* commun, sa vie et sa volonté. Cette personne publique, qui se forme ainsi par l'union de toutes les autres ayant, comme le corps de l'homme, des besoins et des moyens de satisfaire ces besoins, doit être organisée à peu près de la même manière. Douée de la faculté de *vouloir*, le pouvoir législatif représentera cette faculté ; douée de la faculté d'agir, le pouvoir exécutif ou gouvernement représentera cette seconde faculté.

Chaque homme, dans l'état de nature, jouissant sur lui-même d'un droit absolu et universel, il faut bien que la société possède aussi sur elle-même le même droit, c'est-à-dire que la souveraineté réside dans tous les membres d'une société considérée collectivement.

<h3 style="text-align:center">3</h3>

Ainsi, une société quelconque possède incontestablement toute espèce de pouvoirs ; elle a en tout temps celui de revoir ou de réformer sa constitution, celui de faire des lois, de les faire exécuter, et de prononcer sur leur violation : c'est-à-dire qu'en vertu de sa souveraineté, elle possède évidemment les droits *constituant, législatif, exécutif* et *judiciaire*.

De l'obligation de garantir la *liberté*, la *propriété* et *l'égalité* individuelles, résultent en faveur de la nation les droits suivans :

1°. Celui de se constituer, de faire les lois, et de ne se soumettre qu'à celles qu'elle aurait librement consenties.

2°. Celui de connaître et de régler les dépenses publiques, d'inspecter l'emploi des fonds, et de s'en faire rendre compte.

3°. Celui de surveiller l'exercice du pouvoir exécutif ou gouvernement, et d'en rendre tous les agens responsables, en cas de prévarication.

Car, sans le *droit du corps social à la législature*, le pouvoir du gouvernement deviendrait arbitraire.

Sans la *surveillance*, la nation pourrait être trompée, et la constitution se dénaturer.

Sans la *responsabilité*, rien ne préviendrait la déprédation des revenus publics ou les abus d'autorité.

<h3 style="text-align:center">4</h3>

Toute association politique devant avoir pour unique but le bien commun, le pouvoir sur la vie, la liberté et la propriété des citoyens, serait arbitraire, si ceux à qui le pouvoir de faire les lois serait confié, avaient celui d'en faire l'application à leur gré. La liberté est en danger tant que les pouvoirs législatif, exécutif et judiciaire ne sont pas distincts et séparés.

Les pouvoirs publics, qui tous émanent sans exception du *pouvoir constituant* qui appartient à la nation seule, ces pouvoirs publics se divisent en quatre classes ou espèces différentes.

1°. Pour régler les dépenses publiques, octroyer l'impôt, faire les lois et développer la constitution, la nation a besoin d'un corps de représentans chargé de ses pouvoirs, et les exerçant pour elle et en son nom.

De là, l'assemblée des représentans, en qui réside le *pouvoir législatif.*

2°. L'obligation de faire exécuter les lois, de mettre la force publique en activité, tant au dedans qu'au dehors de la république, et de diriger l'administration générale d'une manière uniforme, exige dans les grands Etats un centre d'action, d'où partent tous les mouvemens du corps politique.

De là, le *pouvoir exécutif* ou *gouvernement.*

3°. Pour l'exécution locale des lois relatives à l'administration générale de la république, il faut dans chaque province ou département, des administrateurs subordonnés, chargés des détails de cette exécution.

De là, les *assemblées municipales*, en qui réside le *pouvoir administratif.*

4°. L'exécution des lois, qui ont pour objet les actions et les propriétés des citoyens, nécessite l'établissement des juges.

De là, les *tribunaux de justice,* en qui réside le *pouvoir judiciaire.*

C'est de l'organisation régulière, de la correspondance, de la séparation et de l'indépendance de ces quatre pouvoirs, que résultera une bonne constitution.

5

Toute société dans laquelle la garantie des droits n'est pas assurée, ni la séparation des pouvoirs déterminée, n'a point de constitution.

De la Souveraineté et du pouvoir constituant.

6

La souveraineté réside dans le peuple. Elle est une et indivisible, imprescriptible et inaliénable.

7

Le peuple souverain est l'universalité des citoyens.

8

Le pouvoir souverain ne passe, ni ne peut passer les bornes des conventions générales. Tout homme peut disposer pleinement de ce qui lui a été laissé de ses biens et de sa liberté, par ces conventions.

9

Tout acte de la souveraineté, c'est-à-dire tout acte authentique de la volonté générale, oblige ou favorise également tous les citoyens, en sorte que le souverain connaît seulement le corps de la nation, et ne distingue aucun de ceux qui la composent.

10

Un acte de souveraineté n'est pas une convention du supérieur avec l'inférieur, mais une convention du corps avec chacun de ses membres.

Convention légitime, parce qu'elle a pour base le contrat social; équitable, parce qu'elle est commune à tous; utile, parce qu'elle ne peut avoir d'autre objet que le bien général; et solide, parce qu'elle a pour garant la force publique et le pouvoir suprême. Tant que les citoyens ne sont soumis qu'à de telles conventions, ils n'obéissent à personne, mais seulement à leur propre volonté.

11

Tous les pouvoirs publics, sans distinction, sont une émanation de la volonté générale; tous viennent du peuple, et n'ont pour objet que l'intérêt du peuple, c'est-à-dire de la nation: ces deux termes doivent être synonymes.

12

Les pouvoirs publics émanant tous du peuple, ces pouvoirs ne peuvent ni se constituer eux-mêmes, ni changer la constitution qu'ils ont reçue. C'est *dans la nation* que *réside* essentiellement *le pouvoir constituant*.

13

Tous les pouvoirs auxquels une nation se soumet émanant d'elle-même, nul corps, nul individu ne peut avoir d'autorité qui n'en dérive expressément.

Une nation ne doit donc reconnaître d'autres lois que celles qui ont été expressément approuvées et consenties par elle-même ou par ses représentans, souvent renouvelés, légalement élus, toujours existans, et agissant librement selon les formes prescrites par la constitution.

14

Le bien commun de tous, et non l'intérêt particulier d'un homme ou d'une classe d'hommes quelconque, étant le principe et le but de toutes les associations politiques, toute association a le droit inaliénable d'établir, de modifier ou de changer la constitution, c'est-à-dire la forme de son gouvernement, la distribution et les bornes des différens pouvoirs qui le composent.

15

Aucune portion du peuple ne peut exercer la puissance du peuple entier; mais le vœu qu'elle exprime doit être respecté comme le vœu d'une portion du peuple qui doit concourir à former la volonté générale. Chaque section du souverain assemblé doit jouir du droit d'exprimer sa volonté avec une entière liberté; elle est essentiellement indépendante de toutes les autorités constituées, et maîtresse de régler sa police et ses délibérations.

La constitution est différente de la législation.

La *constitution* ne peut être fixée, changée ou modifiée, que par le *pouvoir constituant*, c'est-à-dire par la nation elle-même, ou par le corps des représentans qu'elle en a chargés par un *mandat spécial*.

C'est la constitution qui détermine l'exercice de la *puissance législative*, et celui de la *force exécutrice*.

La *législation* n'est que la principale *branche de la constitution*.

La *législation* est exercée par le *pouvoir* constitué, c'est-à-dire par les députés que la nation nomme dans les temps et selon les formes que la constitution a fixés.

16

Les lois ne sont proprement que les conditions de l'association civile. Le peuple soumis aux lois en doit être l'auteur; comme il a déjà été dit, il n'appartient qu'à ceux qui s'associent, et qui portent les charges de l'association, de régler les conditions de la société. C'est en outre le moyen de les rendre obligatoires pour tous.

17

Tous les citoyens devant avoir une portion égale dans les avantages de la société, ils doivent exercer une influence égale dans les délibérations publiques.

18

Ainsi, un des principaux points d'une constitution doit être la manière dont un peuple doit s'assembler, pour qu'il puisse, toutes les fois qu'il sera nécessaire, manifester ses volontés librement, clairement, facilement et promptement.

De l'Instruction et de la Subsistance.

Les avantages qu'on peut retirer de l'état social ne se bornent pas seulement à la protection efficace et complète de la liberté individuelle et au seul avantage d'être gouverné; les citoyens ont droit encore à tous les bienfaits de l'association.

Personne n'ignore que les membres de la société retireront les plus grands avantages des propriétés publiques, des travaux publics.

On sait que ceux des citoyens, qu'un malheureux sort condamne à l'impuissance de pourvoir à leurs besoins, ont de justes droits aux secours de leurs concitoyens.

On sait que rien n'est plus propre à perfectionner l'espèce humaine, au moral et au physique, qu'un bon système d'éducation et d'instrution publique.

On sait qu'une nation forme avec les autres peuples, des relations d'intérêt, qui méritent de sa part une surveillance active.

La société doit donc tendre sans relâche à relever tout membre de l'association, de *l'incapacité* ou du *manque d'intérêt* à la chose publique.

L'art de faire sortir tous les biens possibles de l'état de société, est le premier et le plus important des arts.

19

La société a le droit d'exiger que chaque citoyen soit instruit d'une profession utile; qu'il s'entretienne dans la force de corps et dans les exercices dont elle peut avoir besoin pour sa défense. Elle a le droit également d'établir un mode d'éducation nationale, propre à prévenir les maux que pourraient lui causer l'ignorance et la corruption des mœurs. (*Voy.* Table des Droits de l'Homme, p. 16, art. 21.)

20

Quant aux secours publics, il est évident qu'ils ne doivent être répandus que sur des personnes qui sont dans une impuissance réelle de pourvoir à leurs besoins, et il faut entendre par ce mot, les besoins naturels et non les besoins de vanité; car il n'entrera jamais dans l'intention des contribuables, de se priver quelquefois même d'une partie de leur nécessaire pour fournir au luxe d'un pensionnaire de l'État. Il faut encore que les secours cessent au moment où finit l'impuissance qui les justifiait.

Mais ce n'est pas dans une Table des Droits qu'on doit trouver la liste de tous les biens qu'une bonne constitution peut procurer aux peuples. Il suffit ici de dire que les citoyens en commun ont droit à tout ce que l'État peut faire en leur faveur.

Des Garanties sociales.

21

La liberté, la propriété et la sécurité des citoyens, doivent reposer sous une garantie sociale, supérieure à toutes les atteintes.

En conséquence, 1° pour les rapports de citoyen à citoyen, la loi doit avoir à ses ordres une force capable de réprimer ceux des simples citoyens qui entreprendraient d'attaquer les droits de quelque autre. Et l'ordre intérieur doit être tellement établi et servi par une force intérieure et légale, que dans aucun cas, dans aucune circonstance possible, on n'ait besoin de recourir au pouvoir militaire, si ce n'est contre l'étranger.

2°. Dans l'ordre des rapports de citoyen à gouvernement: tous ceux qui sont chargés de faire exécuter les lois, tous ceux qui exercent quelque autre partie de l'autorité ou d'un pouvoir public, doivent être dans l'impuissance d'attenter à la liberté des citoyens.

Et la société doit se réserver des moyens certains et *inusurpables* de châtiment des agens de l'autorité publique, et de révoquer, lorsqu'il lui plaît, les pouvoirs qu'elle a délégués, et de changer même son organisation.

En conséquence, 3° dans l'ordre des rapports de peuple à peuple, et l'indépendance et la liberté pouvant être attaquées, une armée doit exister, une armée capable de défendre la société contre les attaques d'un ennemi étranger.

Le traité social a pour fin la conservation des contractans. Qui veut la fin, veut aussi les moyens, et ces moyens sont inséparables de quelques pertes. Qui veut conserver sa vie aux dépens des autres, doit la donner aussi pour eux quand il faut, et le citoyen n'est plus juge du péril auquel la loi veut qu'il s'expose; et quand le souverain lui a dit: *Il est expédient à l'État que tu meures*, il doit mourir; puisque ce n'est qu'à cette condition qu'il a vécu en sûreté jusqu'alors, et que sa vie n'est plus seulement un bienfait de la nature, mais un don conditionnel de l'État. (Voy. p. 11 de l'Exposition des Droits de l'Homme.)

Du pouvoir militaire.

22

Tout citoyen est né soldat. La société a le droit d'exiger que chacun de ses membres concoure à repousser par la force quiconque attente à la souveraineté qui appartient à tous, ou blesse d'une manière quelconque les intérêts communs.

Mais il est évident que l'armée, étrangère à l'ordre intérieur, n'est créée que dans l'ordre des relations extérieures. S'il était possible, en effet, qu'un peuple restât isolé sur la terre, ou s'il devenait impossible aux autres peuples de l'attaquer, n'est-il pas certain qu'il n'aurait nullement besoin d'armée?

La paix et la tranquillité intérieures exigent à la vérité une force coërcitive, mais d'une nature absolument différente. Or, si l'ordre intérieur, si l'établissement d'une force coërcitive légale, peuvent se passer d'armée, il est d'une extrème importance que là où est une armée, l'ordre intérieur en soit tellement indépendant que jamais il n'y ait aucune espèce de relation entre l'un et l'autre.

23

Le pouvoir militaire n'est créé, n'existe et ne doit agir que dans l'ordre des relations politiques extérieures. Ainsi, le soldat ne doit jamais être employé contre le citoyen. Il ne peut être commandé que contre l'ennemi extérieur.

24

La constitution de l'armée doit être l'ouvrage de la puissance législative.

25

La puissance exécutive étant principalement établie pour diriger toutes les forces de l'État, et ces forces ne devant jamais servir à opprimer le peuple, ses troupes ne doivent prêter serment qu'à la nation entre les mains du corps exécutif.

De la Surveillance nationale, et de la Responsabilité des agens du corps constitué.

La constitution des pouvoirs publics doit être telle que, toujours propres à remplir leur destination, ils ne puissent jamais s'en écarter au détriment de l'intérêt social.

C'est de la *surveillance* de la part du *peuple constituant*, et de la *responsabilité* du côté des *agens* ou *corps constitué*, que pourra résulter le maintien de la constitution.

Vainement déclarerait-on que la liberté est le droit inaliénable de tout citoyen; vainement la loi prononcerait-elle des peines contre les infracteurs, s'il n'existait pour maintenir le droit, et pour faire exécuter la loi, une force capable de garantir l'un et l'autre.

La garantie de la liberté ne sera bonne que quand elle sera suffisante, et elle ne sera suffisante que quand les coups qu'on peut lui porter seront impuissans contre la force destinée à la défendre. Nul droit n'est complétement assuré s'il n'est protégé par une force relativement irrésistible.

La liberté individuelle a, dans une grande société, trois sortes d'ennemis à craindre.

Les moins dangereux sont les citoyens malévoles: pour les réprimer il suffit d'une autorité ordinaire.

La liberté individuelle a beaucoup plus à redouter des entreprises des officiers chargés d'exercer quelqu'une des parties du pouvoir public.

De simples mandataires isolés, des corps entiers, le gouvernement lui-même en totalité, peuvent cesser de respecter les droits du citoyen. Une longue expérience prouve que les nations ne se sont pas assez précautionnées contre cette sorte de danger.

Quel spectacle que celui d'un mandataire qui tourne contre ses concitoyens les armes ou le pouvoir qu'il a reçus pour le défendre, et qui, criminel envers lui-même, envers la patrie, ose changer en instrumens d'oppression, les moyens qui lui ont été confiés pour la protection commune!

Le mandataire public, quel que soit son poste, n'exerce pas un pouvoir qui lui appartienne en propre, c'est le pouvoir de tous; il lui a été seulement confié; il ne pouvait pas être aliéné, car la volonté est inaliénable, les peuples sont inaliénables; le droit de penser, de vouloir et d'agir pour soi est inaliénable; on peut seulement en commettre l'exercice à ceux qui ont notre confiance, et cette confiance a pour caractère officiel d'être libre.

Le mandat du gouvernement est un mandat de confiance; tout démérite entraîne nécessairement le retrait de la confiance, par conséquent l'annullation de la délégation, de la procuration.

C'est donc une grande erreur de croire qu'une fonction publique puisse jamais devenir la propriété d'un homme; c'est une grande erreur de prendre l'exercice d'un pouvoir public pour un *droit*, c'est un *devoir*. Les officiers de la nation n'ont au-dessus des autres citoyens que des devoirs de plus; et qu'on ne s'y trompe pas, on est loin, en prononçant cette vérité, de vouloir déprécier le caractère d'homme public. C'est l'idée d'un grand devoir à remplir, et par conséquent d'une grande utilité pour les autres, qui fait naître et justifie les égards et le respect que nous portons aux hommes en place. Aucun de ces sentimens ne s'élèverait dans des ames libres, à l'aspect de ceux qui ne se distingueraient que par des droits, c'est-à-dire qui ne réveilleraient en nous que l'idée de leur intérêt particulier.

26

La société a le droit de demander compte à tout agent public de son administration. Les fonctions publiques ne peuvent être considérées comme des distinctions ni comme des récompenses, mais comme des devoirs publics.

27

Les fonctions publiques en outre doivent suivre les besoins publics. Le nombre des places doit être rigoureusement borné au nécessaire.

28

Tout ce qui n'est pas permis par la loi aux dépositaires des fonctions du gouvernement, leur est défendu.

29

Le pouvoir souverain et constituant appartenant à la nation, tous les pouvoirs qu'elle confie ou délègue, sont comptables à la nation, et soumis à sa *surveillance*.

30

Et pour que cette *comptabilité* des délégués ne soit pas un vain mot, et ce pouvoir *constituant* de la nation illusoire, un mode de *surveillance* nationale et de *responsabilité d'agence* doit être nettement établi.

31

Une bonne constitution de tous les pouvoirs publics, est la seule garantie qui puisse préserver les nations et les citoyens du malheur et des dangers de l'oppression.

32

Les délits des mandataires du peuple doivent être sévèrement et facilement punis : nul n'a le droit de se prétendre plus inviolable que les autres citoyens.

33

Le peuple a le droit de connaître toutes les opérations de ses mandataires; ils doivent lui rendre un compte fidèle de leur gestion, et subir son jugement avec respect.

34

Le peuple est le souverain. Le gouvernement est son ouvrage. Les fonctionnaires sont ses commis. Tout pouvoir constitué est dans la dépendance du peuple souverain et constituant.

35

Un peuple ayant toujours le droit de revoir, de réformer et de changer sa constitution ; une génération ne pouvant assujettir ni engager les générations futures, il doit être possible à la nation d'avoir, dans certains cas, une convocation extraordinaire, dont le seul objet soit d'examiner et corriger, s'il est nécessaire, les vices de la constitution.

Il est même bon de déterminer des époques fixes, où cette révision aura lieu, quelle qu'en soit la nécessité : c'est un des moyens d'exercer efficacement la *surveillance* du corps constituant sur les corps constitués, et le droit de résistance à l'oppression.

De la résistance à l'oppression.

36

Lorsque le gouvernement viole les droits du peuple, l'insurrection est pour le peuple, et pour chaque portion du peuple, le plus sacré des droits, et le plus indispensable des devoirs.

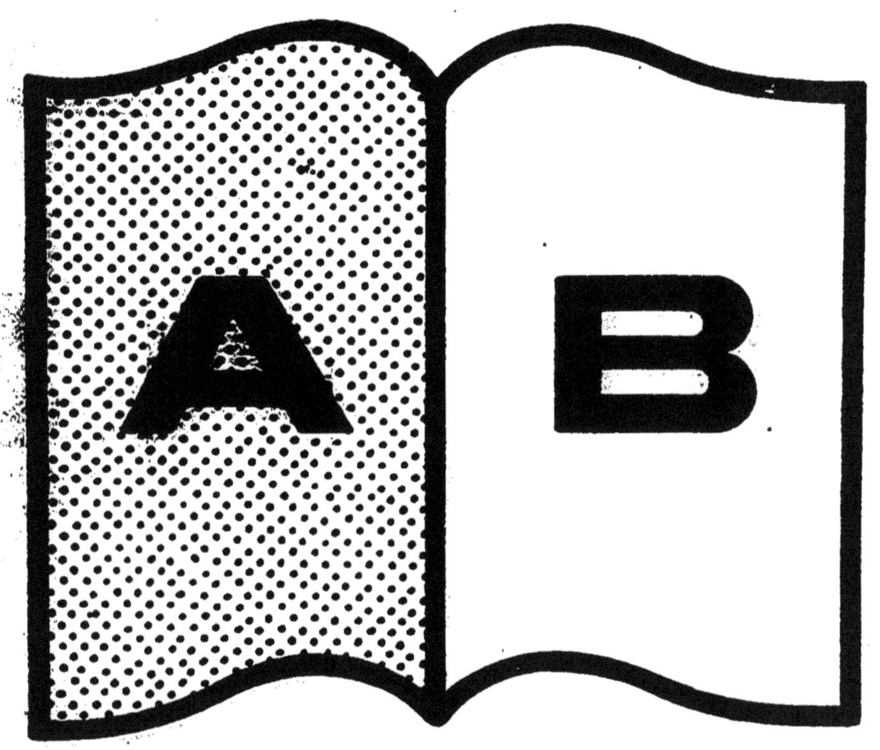

Contraste insuffisant

NF Z 43-120-14

9 782016 201572